**PRIMARY SOURCES OF
FAMOUS PEOPLE IN AMERICAN HISTORY**™

SITTING BULL
TORO SENTADO

SIOUX WAR CHIEF
JEFE SIOUX

CHRIS HAYHURST

TRADUCCIÓN AL ESPAÑOL:
EIDA DE LA VEGA

rosen central
Primary Source™
Editorial Buenas Letras™
The Rosen Publishing Group, Inc., New York

Published in 2004 by The Rosen Publishing Group, Inc.
29 East 21st Street, New York, NY 10010

First Bilingual Edition 2004
First English Edition 2004

Cataloging Data

Hayhurst, Chris.
[Toro Sentado. Bilingual]
Sitting Bull — Toro Sentado / Chris Hayhurst. — 1st ed.
    p. cm. — (Primary sources of famous people in American history)
Summary: A biography of the Sioux chief who worked to maintain the rights of Native American people and who led the defeat of General Custer at the Little Bighorn in 1876.
Includes bibliographical references and index.
ISBN 0-8239-4168-X (lib. bdg.)
1. Sitting Bull, 1834?-1890—Juvenile literature. 2. Dakota Indians—Biography—Juvenile literature. 3. Hunkpapa Indians—Biography—Juvenile literature. [1. Sitting Bull, 1834?-1890. 2. Dakota Indians—Biography. 3. Hunkpapa Indians—Biography. 4. Indians of North America—Great Plains—Biography. 5. Kings, queens, rulers, etc.] 6. Spanish language materials—Bilingual.]
I. Title. II. Series: Primary sources of famous people in American history. Bilingual.

E99.D1 S584 2003
978.004'9752'0092—dc21

Manufactured in the United States of America

Photo credits: cover (X-33835), pp. 5 (B-74), 21(X-33793), 25(B-750) Denver Public Library, Western History Collection; pp. 7 (top), 11, 19 © Hulton/Archive/Getty Images; p. 7 (bottom) South Dakota State Archives; p. 9 Smithsonian American Art Museum, Washington, DC/Art Resource, NY; p. 13 © North Wind Picture Archives; p.15 © Stapleton Collection/Corbis; p. 17 © Bettmann/Corbis; p. 23 (top) The Stapleton Collection/The Bridgeman Art Library; p. 23 (bottom) Whitney Gallery of Western Art, Cody, Wyoming/The Bridgeman Art Library; p. 27 © Corbis; p. 29 © Dave G. Houser/Corbis.

Designer: Thomas Forget; Photo Researcher: Rebecca Anguin-Cohen

CONTENTS

CONTENIDO

1 A YOUNG BOY

The year was 1831. Along the Grand River in present-day South Dakota, a Native American woman was giving birth. The father, a Lakota Sioux warrior, stood nearby. The baby was born. His parents named him Jumping Badger.

---

1   INFANCIA

Corría el año 1831. A la orilla del río Grand, en lo que hoy es Dakota del Sur, una mujer nativoamericana estaba dando a luz. El padre, un guerrero de la tribu Lakota Sioux, vigilaba de cerca. Cuando nació el bebé, sus padres lo llamaron Tejón Saltarín.

This photograph of Sitting Bull was taken in the 1880s after the Battle of the Little Bighorn.

Esta fotografía de Toro Sentado fue tomada en la década de 1880 después de la batalla de *Little Bighorn*.

Jumping Badger seemed different from other children in the Hunkpapa Lakota tribe. He moved slowly and thought deeply before acting. Soon he was given the nickname Hunkesni, which means "slow." But Hunkesni was certainly not slow. As he grew up, he was quick to master important skills.

Tejón Saltarín no era como los demás niños de la tribu Hunkpapa Lakota. Se movía lentamente y pensaba bien antes de actuar. Pronto lo llamaron Hunkesni, que significa "lento". Pero Hunkesni no era lento. Por el contrario, al crecer, adquiría destrezas con rapidez.

American Indian men were taught to ride well at an early age. Below, a map of the Dakota Territory.

A los indios americanos se les enseñaba a montar a muy temprana edad. Abajo, un mapa del Territorio de Dakota.

7

One of the skills Hunkesni mastered was hunting. The Hunkpapa tribe and all the Lakota people hunted buffalo for food. The great animal was also a source of clothing, shelter, and bedding. Hunting buffalo was a way of life for the Lakota. Hunkesni killed his first buffalo at the age of ten.

Una de las habilidades que Hunkesni dominaba era la caza. La tribu Hunkpapa y todas las tribus Lakota cazaban búfalos para comer. El enorme animal servía también para hacer vestidos, tipis y camas. La caza del búfalo era el principal medio de vida para los Lakota. Hunkesni mató su primer búfalo a los diez años de edad.

A depiction of a buffalo hunt on the prairie by John M. Stanley

Descripción de una cacería de búfalo en la pradera del artista John M. Stanley

The buffalo was so important to the Lakota that it often led them to war. Other Native American tribes also hunted buffalo. Sometimes their hunting grounds overlapped. The tribes fought each other for the buffalo and the land where they lived. It was important for Lakota boys to learn to fight.

El búfalo era tan importante para los Lakota que con frecuencia los conducía a la guerra. Otras tribus nativoamericanas también cazaban búfalos. A veces sus territorios de caza eran los mismos. Las tribus luchaban entre sí por el búfalo y por la tierra donde vivía. Para los jóvenes Lakota era muy importante aprender a pelear.

A sketch of a Native American village. On the right, buffalo hides are being cleaned and dried.

Dibujo de un poblado nativoamericano. A la derecha, los cueros de búfalo son limpiados y puestos a secar al sol.

2 THE WARRIOR

It was 1845. Hunkesni and a group of Lakota warriors arrived at a river and found a band of Crow warriors by the water. Hunkesni, leading the way, was the first Lakota to strike. He knocked a Crow off his horse. Within minutes, almost all the Crow warriors were dead.

2 EL GUERRERO

Corría el año 1845. Hunkesni y un grupo de guerreros Lakota llegaron a un río y encontraron una banda de guerreros Crow junto al agua. Hunkesni, que conducía la tribu, fue el primer Lakota en atacar. Derribó a un Crow de su caballo. En pocos minutos casi todos los guerreros Crow estaban muertos.

A mounted Native American warrior examines the dead enemy after a skirmish between different tribes.

Un guerrero nativo americano examina a los enemigos muertos después de una escaramuza entre diferentes tribus.

13

At a special ceremony, Hunkesni's father congratulated his son for his bravery. Then, to honor his becoming a man, he gave him his name. Hunkesni would now be known as Tatanka Iyotanka—Sitting Bull.

En una ceremonia especial el padre de Hunkesni felicitó a su hijo por su valentía en la batalla con los Crow. Para honrarlo como hombre le otorgó su nombre. Desde ese momento, Hunkesni sería conocido como Tatanka Iyotanka: Toro Sentado.

This picture of dancing was painted sometime around 1890.

Esta pintura de una danza data de alrededor de 1890.

In 1857, Sitting Bull was named war chief of the Hunkpapa tribe. He was also recognized as a holy man, or Wichasha Wakan.

The Hunkpapa believed Sitting Bull had great spiritual powers. A great leader was exactly what they needed. A new threat—far greater than the Crow—was upon them.

En 1857, Toro Sentado fue nombrado jefe guerrero de la tribu Hunkpapa, y fue reconocido como hombre santo o Wichasha Wakan.

Los Hunkpapa creían que Toro Sentado tenía poderes espirituales. Un gran líder era lo que ellos necesitaban. Una nueva amenaza, mucho más grande que la de los Crow, se les avecinaba.

Hunters shoot buffalo that seem to block the passage of a train.

Los cazadores disparan a los búfalos que parecen bloquear el paso de un tren.

3 THE LEADER

Sitting Bull had seen white people all his life. Sometimes the whites and the Lakota would meet to trade. Other times they would fight. The real goal of the whites was gold and new territory. They felt they had a right to Native American land.

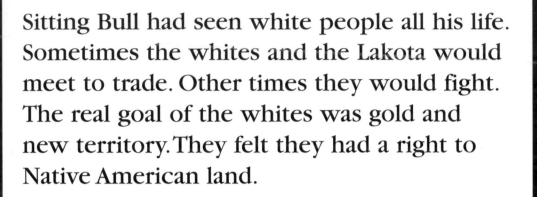

3 EL LÍDER

Toro Sentado había visto gente blanca toda su vida. En ocasiones, los blancos y los Lakota se encontraban para comerciar. En otras, peleaban. El objetivo real de los blancos era obtener oro y nuevos territorios. Ellos creían tener derecho a la tierra de los nativos americanos.

In this magazine cartoon, Nelson Miles, responsible for the massacre at Wounded Knee, is depicted as profiting from his management of the reservations.

Esta caricatura representa a Nelson Miles, responsable de la masacre de *Wounded Knee*, se lo muestra aprovechándose de las reservas indias.

In 1868, the Lakota elected Sitting Bull leader of the entire tribe. Sitting Bull worked hard to unite his people. In the winter of 1876, soldiers attacked and destroyed a Native American camp. They forced the surviving Native Americans out into the cold. Sitting Bull saw this as an act of war.

En 1868, los Lakota eligieron a Toro Sentado como el jefe de toda la tribu. Toro Sentado se esforzó por unir a su pueblo. En el invierno de 1876, los soldados asaltaron y destruyeron uno de sus campamentos, y obligaron a los sobrevivientes a permanecer a la intemperie. Toro Sentado lo consideró un acto de guerra.

Sitting Bull addresses his followers and calls for resistance against U.S. demands.

Toro Sentado se dirige a sus seguidores y les pide que resistan las demandas de Estados Unidos.

On June 25, 1876, Major General George Armstrong Custer led his troops in an attack on the Lakota people. But Custer and his men were outnumbered. The Lakota, led by Sitting Bull, killed Custer and nearly all his men. But the U.S. Army kept attacking the Lakota and wore them down. One by one the Lakota tribes surrendered. Sitting Bull had to give in.

El 25 de junio de 1876, el mayor general George Armstrong Custer dirigió sus tropas en un ataque al pueblo Lakota. Custer y sus hombres fueron derrotados. Los Lakota, conducidos por Toro Sentado, mataron a Custer y a casi todos sus hombres pero el ejército de Estados Unidos continuó atacando a los Lakota hasta que acabó con su resistencia. Una por una, todas las tribus Lakota se rindieron. Toro Sentado también tuvo que hacerlo.

Two views of the Battle of the Little Bighorn. Above, the retreat of Major Reno's command. Below, the grandly heroic painting of Custer's last stand.

Dos imágenes de la batalla de *Little Bighorn*. Arriba, la retirada del comando del mayor Reno. Debajo, la heroica pintura de la resistencia de Custer.

4   WAR

Sitting Bull and his tribe were sent to Standing Rock Reservation. The reservation was run by the U.S. government.

One day, members of the U.S. government came to Sitting Bull's reservation to explain that parts of the reservation would now be open to whites. Sitting Bull was angry.

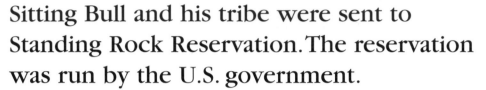

4   GUERRA

Toro Sentado y su tribu fueron enviados a la reservación de Standing Rock. La reservación era administrada por el gobierno de Estados Unidos.

Un día, miembros del gobierno fueron a la reserva de Toro Sentado a explicarle que parte de la reservación se abriría a los blancos. Toro Sentado se enfureció.

A photograph of one of Sitting Bull's trials where he was accused of urging various tribes to resist white demands

Fotografía de uno de los juicios a Toro Sentado donde lo acusaban de presionar a varias tribus para que resistieran las demandas de los blancos

The Lakota began performing a sacred ceremony called the Ghost Dance. They thought the dance would rid their land of white people forever and bring back the traditional way of life. American soldiers quickly forbade the Ghost Dance, but the Native Americans danced anyway.

Los Lakota comenzaron a ejecutar una ceremonia llamada la Danza Fantasma. Creían que la danza los libraría de los blancos y les devolvería su tradicional modo de vida. Los soldados norteamericanos enseguida prohibieron la Danza Fantasma, pero los nativos americanos continuaron bailando.

Sioux Indians perform the Ghost Dance.

Los indios sioux ejecutan la Danza Fantasma.

Back at Standing Rock Reservation, the government feared that Sitting Bull would bring the Ghost Dance to his people. On December 15, 1890, they sent Native American policemen to Sitting Bull's home to arrest him. They dragged him outside. In the confusion, a fight erupted. Shots rang out. Sitting Bull was dead.

De regreso en la reservación Standing Rock, el gobierno temía que Toro Sentado llevara la Danza Fantasma a su pueblo. El 15 de diciembre de 1890, enviaron policías nativoamericanos a la casa de Toro Sentado para arrestarlo. Lo arrastraron afuera de su casa. En la confusión, empezó una pelea. Sonaron unos disparos. Toro Sentado apareció muerto.

Monument to Sitting Bull near his grave
site in South Dakota

Monumento a Toro Sentado junto a su
tumba en Dakota del Sur

TIMELINE

1831—Sitting Bull is born near the Grand River.

1868—Sitting Bull is elected head chief of the Lakota Sioux.

1880s—Sitting Bull and his tribe are forced to live on a reservation.

1857—Sitting Bull is named war chief of the Hunkpapa Lakota Sioux.

1876—War begins between the Lakota Sioux and the United States Army.

1890—Sitting Bull is murdered as he is arrested by reservation police.

CRONOLOGÍA

1831—Nace Toro Sentado, cerca del río Grand.

1868—Toro Sentado es elegido jefe principal de los Lakota sioux.

Década de 1880—Toro Sentado y su tribu son obligados a vivir en reservaciones.

1857—Toro Sentado es nombrado jefe de la tribu Hunkpapa Lakota sioux.

1876—Comienza la guerra entre los Lakota sioux y el ejército de Estados Unidos.

1890—Toro Sentado es asesinado mientras lo arresta la policía de la reservación.

 30

GLOSSARY

ceremony (SER-ih-moh-nee) A special celebration done on certain occasions.

chief (CHEEF) A leader of a Native American tribe or nation.

Hunkpapa (huhnk-pah-pah) A tribe of the Lakota Indians.

reservation (reh-zer-VAY-shun) Land set aside by the U.S. government for Native Americans to live on.

warrior (WAR-ee-yur) One who goes into battle.

WEB SITES

Due to the changing nature of Internet links, the Rosen Publishing Group, Inc., has developed an online list of Web sites related to the subject of this book. This site is updated regularly. Please use this link to access the list:

http://www.rosenlinks.com/fpah/sbul

* * *

GLOSARIO

ceremonia (la) Celebración especial que se ejecuta en ciertas ocasiones.

guerrero(-a) Alguien que interviene en la batalla.

Hunkpapa Una tribu perteneciente a los indios Lakotas.

jefe (el, la) Líder de una tribu o nación nativoamericana.

reservación (la) Tierra que el gobierno norteamericano asigna a los nativos americanos para que vivan.

SITIOS WEB

Debido a las constantes modificaciones en los sitios de Internet, Rosen Publishing Group, Inc., ha desarrollado un listado de sitios Web relacionados con el tema de este libro. Este sitio se actualiza con regularidad. Por favor, usa este enlace para acceder a la lista:

http://www.rosenlinks.com/fpah/sbul

INDEX

ABOUT THE AUTHOR

Chris Hayhurst is an emergency medical technician, professional author, and journalist with more than a dozen books and hundreds of articles in print. He lives and works in Fort Collins, Colorado.

ÍNDICE

ACERCA DEL AUTOR

Chris Hayhurst es técnico en emergencias médicas, escritor profesional y periodista. Chris ha publicado docenas de libros y cientos de artículos. Vive y trabaja en Fort Collins, Colorado.